天 山 詩選 120
崔　　林 첫시집
물흐르듯 흘러가면서

한기10955
한웅기5916
단기4351
공기2569
불기2562
서기2018

도서출판 天山

물흐르듯 흘러가면서

崔　林　첫시집

上元甲子
8937
+2018
―――――
10955
5916
4351
2569
2562
2018

도서 출판 天山

‹서 문›
東夷 전통 자수 시인의 첫 수틀
── 崔 林 첫시집 '물흐르듯 흘러가면서'를 바라보며

　崔 林의 본명은 최명희다. 최명희는 이미 불꽃같은 소설 '혼불'을 남겨놓고 이승을 다녀갔다. 동명 이인이라 文林엔 시인 崔 林으로 꽃피어난다. 또 한 송이의 별이 '自由文學' 둥지에서 九天 하늘을 향해 '어아가'를 부르듯 아악의 律呂로 날아오르며 詩林의 무지개숲에 別墅 한 채를 짓는다.
　이 별서엔 촘촘하고 단단한 시바늘 뜸에 한 땀 한 땀 뜨여나와 자수로 꽃핀 글꽃이 여든일곱 송이나 곱디곱게들 고개 빳빳이 들고 피어있다. 이중 아름답고도 빼어난 글꽃들은 마흔네 송이나 된다. 崔 林 별서뜰 첫시밭 글농사 소출의 반을 넘는 풍작 올농사다.
　빼어난 여섯 그루의 최고 상품 가치를 지닌 글꽃들은 시 '시들의 옷'(제1부) '청홍색실 한 올'(제4부) '연보라통꽃잎속 붉은 우물'(제6부) '별빛 손잡고' '달 찻잔' '은빛바늘걸음'(이상 제9부) 들의 다랭이텃밭 시송이들이다. 제목 향내만 느껴봐도 바로 이시를 수놓은 시인은 동양 자수 전문 시인임을 짐작할 수가 있다. 서양화 아닌 동방얼로 수를 놓은 東夷 전통 전문 자수 시인이란 걸 점칠 수도 있다. 실은 崔 林 시인이 '전통 공예 상품 공모전'(대한 민국 기능 전승자회 주최)에서 이미 동양 자수로 떳떳이 응모해 큰상까지 받은 바 있는 자수 기능 전문 예능 전승자다.
　고운 자수 공예품을 뜸들여 땀땀이 수놓듯 글침색실을 촘촘 박아 한 뜸 두 뜸 시뜸을 뜬 글송이 수틀 중에서 열한 틀이 앞의 여섯 두 동그라미시 다음 동그라미깜 시송이들 이름만 찍어보더라도 이시인은 자수꽃 시인임을 곧 알 수가 있다. 시 '새빛쟁이' '설렘의 요람'(이상 제3부) '꽃말들의 행렬' '가을웃음자락'(이상 제4부) '벚꽃구름비'(제6부) '라면 실험' '별

<서   문>

꽃씨'(이상 제8부) '언덕배기' '시간타는 마음"(이상 제9부) '물바람' '나들이' (이상 제10부) 들 열한 송이가 빨간 방점시다. 모두 당선·장원감이다. 17송이나 된다. 여기에 가작감으로 방점친 시만해도 27편이나 활짝 피어있다.

　하얀 모시보자기안에/청홍색실 한 올 풀어놓는다./실파람은 모퉁이 둘레길 돌아나온다./중심자리엔 청홍 색색 수 놓인다./손끝 실땀따라 청색나비 날고 홍색 꽃 핀다./계절마다 웃음수 놓인다./어둠안개 피고진 뒤엔 밤내 하늘이슬 내린다./뜨건 촛눈물 흐른다./혀끝엔 굳은 나뭇결이 붉디붉게 새겨진다./뒤엉킨 하늘구름 실타랠 풀고있다./한줌 몽당실 매듭 잡아빼도 나오질 않는 청홍색실….
　　　　　　　　　　　　　　　　　──시 '청홍색실 한 올' 全文
　은빛바늘걸음 숨바꼭질 날들/광목천 한 곳 모아본다./한 땀 지나 또 한 땀/야생초와 꽃들 색색나비 날아간다.//초록들판 풀벌레울음수/가냘픈 날개짓소리/별빛노래수/달빛 빛난 수./고운실타래 한 올씩 풀어가는/길어진 낮과 밤사잇길….
　　　　　　　　　　　　　　　　　──시 '은빛바늘걸음' 全文
　예든 위 두 편 시수틀만 살펴봐도 시인은 어림없이 '東夷 전통 자수 시인'이란 라벨이 붙을 만하다. 시의 언어 육질이나 그향내 감각은 촘촘하고도 섬세하게 뜸뜸이 박혀 짜인 수틀속의 땀땀한 청홍빛 꽃수다. 사람인품도 사람꽃다운 고운 女性詩人이라서 4방 어디로 세워놓고 본들 믿음직스러운 비단수틀 동방 정신 자수 시인이다. 무엇보다 자기 작품 관리도 매섭게 잘 할 줄 아는 예의바른 시인이라 이심 전심 믿음직스러운 재원이다.

──한기 10955: 한웅기 5916: 단기 4351: 동이공기 2569: 남방불기 2562: 서기 2018. 무술년
立冬節 필동 서애로 '自由文學'에서.
　　　　　　　義 山　申　世　薫

차 례 ──────────

崔　林 첫시집
물흐르듯 흘러가면서

　　서　문/東夷 전통 자수 시인의 첫 수틀/申 世 薰/4
　　시인의 말/˝하늘빛물가에 앉아서…˝/崔　林/133

제1부 껍데기속 알맹이노래

안개꽃신부/13
껍데기속 알맹이노래/14
시들의 옷/15
실안개뭉치/16
하얀붓끝그림/17

제2부 혼에 새겨진 시어들

흰삼베보자기에 어린 별빛·1/21
흰삼베보자기에 어린 별빛·2/22
반쪽 달빛/23
흙의 변화/24
별빛 한 송이/25

崔 林 첫시집
물흐르듯 흘러가면서 ——————————————— 차 례

제3부 금그릇은 깨어지고
씨주머니/29
흰꽃나비춤/30
새빛쟁이/31
회리바람가마꽃/32
설렘의 요람/34

제4부 하강의 비밀
흙 냄 새/37
소꿉장난 끝나는 날/38
꽃말들의 행렬/39
봄을 꽃불로 알아본다/41
가을웃음자락/43
청홍색실 한 올/44
분·초·쨋각그네/45
곡선타기/47
산 부 추/48
하강의 비밀/49

차 례 ─────────────

崔 林 첫시집
물흐르듯 흘러가면서

제5부 **세 치 혀의 불길**

마음의 길/53

은 비 강/54

한 이랑 두 이랑/55

금 빛 길/56

세 치 혀의 불길/57

별 뜨 락/59

새벽창문 열다/60

물보라속 친구/61

주름진 이름표 하나/63

덩쿨가싯길/64

제6부 **물속에도 피는 봄꽃**

연보라통꽃잎속 붉은 우물/67

초록공마당/68

무지갯빛물결/69

초록눈망울들/70

벚꽃구름비/71

물길따라가는 거지요/72

시간 동굴/73

이슬꽃 한 송이 떠나다/74

崔　林 첫시집 ——————————————————— 차　례
물흐르듯 흘러가면서

제7부 꽃나무가 서있는 곳

봄들이 오고있네/77

봄농사일/78

연기구름/79

해와 비이야기/80

새날의 문은/81

불꽃은 은하길로/83

바람의 음표들/85

쓴 바 람/86

어스름달빛 걷히면/87

개미들의 참샘/88

제8부 새봄날과 마가을

라면 실험/91

화살춤사위/92

땅위사람들/93

열매되는 말씀들의 마가을/94

별 꽃 씨/95

바람날개옷/96

검 정 물/97

길 구 멍/98

불머리야/99

새 봄 날/100

차 례 ─────────

崔 林 첫시집
물흐르듯 흘러가면서

제9부 민들레 꽃무덤

언덕배기/103

산이 보이는/104

다 비우면/106

하얀실낱/107

아기둥지/108

내일이면 동동/109

까망눈물/111

별빛손잡고/112

마음샘물/113

달 찻 잔/114

은빛바늘걸음/115

시간타는 마음/116

가쁜탄식/117

먼 여 행/118

제10부 비단웃음소리 들려오는 날에

어 미 품/123

1대 1인 걸요/124

물 바 람/125

안개무덤자리/126

나 들 이/127

앞뜰 자목련/128

바늘가시/129

구름맷돌소리/130

숲속 나무둥지/131

분초강 흐르면/132

제1부 ────────────── 껍데기속 알맹이노래

안개꽃신부
껍데기속 알맹이노래
시들의 옷
실안개뭉치
하얀붓끝그림

안개꽃신부

무한 우주 탁 털어봐도
하나밖에 없는 내 남자
유일한 내 편
무조건 내 편인
내 옆에만, 내 뒤에만
서있길 좋아하는 그대 내 남편.

안개꽃신부라 부른다.
또 그렇게 웃음바다
별빛춤을 추고있다.

어느 날
안개꽃인 줄 알았던 내게
저편에서 날아오르는 소리
'살빼라.'
'흰머리칼에 젊은색옷 입히라.'
'나 홀로만 늙는 것으로 족하다.' 한다.

안개꽃속에서 나온 여인의 모습….

껍데기속 알맹이노래

어느 한 날 큰빛소리
흠집지어진다.
뉘 그곳 살려는가.
붉고고운 선 살아 펄떡인다.
길고짧은 끈 매달린
그공간안에 앉고눕고일어서는 이
준비된 눈물 강둑높이 쌓아도 흘러넘친다.

물방울 한 알 크기 초록별에
얼룩진 마음길을 서성인다.
고운 웃음소린 어디로 사라졌는지
또 다른 껍질 벗고있다.
4계절 바람불던 날 껍질속 알맹이들
고향집 옛친구들 노랫가락 들려온다.

시들의 옷

언어들이 이젠 외출을 준비한다.
마음 가득한 것
그 손을 잡고 시가 뛰어나온다.
은유도, 비유도, 시들의 옷이 되어
빛나는 모습들
시가 맑은 물가로 돌아와
새옷으로 갈아입는다.
삶, 그 깊은 곳 시들의 향기
하나, 둘, 두꺼운 옷을 벗어버린
아픔의 시어들도 살아움직이며 꽃핀다.
가슴속에서 시들의 꽃대가 올라온다.
셀 수 없이 꽃봉오리 따뜻한 햇살받으며
형형 색색 꽃피운다.
그 향기에 마음 가득
물이랑 등성이가 솟아오른다.

<自由文學' 시부 초회 추천시(제88회.).>

실안개뭉치

마파람 깊은산허리에 실안개 뽑아올린다.
한 타래씩 감아올려 하늘에 풀어놓고
또 뽑아올린다.
오르내리락 먹구름속치마 열린다.
뜨거운빗물이 쏟아져내린다.
산울타리 둘러쳐진 마을안
양다리 골짜기로 붉은 흙물 솟아흐른다.

어느 샌가 빗소리는 마루위로 올라와
빗물닮은 목소리로
문지방을 넘어와 문두드리고 서있다.
사람들은 여름내 곤한 몸을 눕힌다.
어느새 갈바람은 문틈을 타고들어온다.
한밤 지샌 바람자락은 가을수를 놓는다.
뒷산여울 깊은 산자락에도 하얀 깃털 내린다.

〈'自由文學' 시부 2회 추천 완료시(제90회.)/'서대문 문예마당'(2015. 제23호.). 개작.〉

하얀붓끝그림

하늘 하얀붓끝그림
파란 보자기속 은빛구름 한 조각
천공아랜 곱게 머리숙인 벼이삭
추석감빛 물들었다.

갈바람악보위 춤추듯 그려지는 음표들
일렁이는 솔바람따라 노래 부른다.
꽃향내 얇은 옷속으로 흥건히 젖어든다.
초록모태꿈 한 땀 한 땀 수놓아 입는
노랑나들이옷.

흙냄새 어미품 시간붓 가을걷이 화폭속 그려담았는가.
앞뜰 백일홍 분홍꽃잎 떨구고
뒤뜰 수세미자루 씨주머니 가득채운다.

너와집 처마머리엔 백색 소국
목화송이눈처럼 떨어져내려와 피어있다.
어스름밤 노랗게 웃는 달빛
별빛꽃 들과 손잡고가려는가,
뒤뜰 고향문 열려있는 곳으로.

제2부 ──────────── 혼에 새겨진 시어들

흰삼베보자기에 어린 별빛·1
흰삼베보자기에 어린 별빛·2
반쪽 달빛
흙의 변화
별빛 한 송이

흰삼베보자기에 어린 별빛·1

태고적 디엔에이 혼에 새겨진 詩語들
뇌속 고운무늬 흰삼베 펼쳐둔다.
오랜세월 달려온 시어들 날아와
5색빛깔 여울 돌아나와 수를 놓는다.
뇌속길 고르게 널려있는 시어마당
한줌씩 꺼내 펼쳐본다.
얼룩진 거품이 부풀어오른다.
고운 보자기를 일렁여본다.
흐르는 맑은 물속에서 별시어 아름다움을 건져올린다.
오묘한 꿀송이
마음자락에 향기 뿌려진다.
빛줄기도 내려와 손을 닦아준다.
삼베보자기 씨줄날줄 진귀한 말씨들 쉼없는 전시
마을사람들 눈웃음소리 지구별을 흔든다.
눈물웃음 달빛 젖어 더욱 반짝인다.

〈自由文學(제93호). 개작.〉

흰삼베보자기에 어린 별빛·2

태고적 삼베 디엔에이 새겨진 시어들
오랜 세월 시공을 날아와
5색빛여울로 아롱진다.
뇌세포속 고루고루 스며있는 시어들
한 줄씩 꺼내펼쳐본다.
찬란한 노래들이 부풀어오른다.
삼베보자기로 싸서 흔들어걸러본다.
맑은시 흐르는 초록물가
새벽별빛시어 건져올린다.
달고오묘한 꿀송이 흠뻑 머금은 시향
빛줄타고내려온 하늘빛 별시어들
마음자락마다 뿌려진다.
삼베보자기에 쉼없이 거른 전시관의 꽃빛언어들
시마을사람들 웃음소리, 지구공 흔든다.
눈물웃음 달빛받아 노래한다.
씨줄날줄 짠 결고운 노래들
새벽별빛에 걸러져 흘러나온다.

〈'自由文學'(제93호.). 개작.〉

반쪽 달빛

웃는다, 또 웃는다.
반쪽만큼 웃는다.
초승달도 속눈썹 그리며 웃고있다.
갈잎부채 엮어 얼굴가린 웃음이다.

눈물 고여 깊은 우물
한 손으로라도 퍼올리고싶다.
두레박 가득한 달빛언어를.

뿌리 떠난 나뭇잎 바람따라
물위를 빙빙 돈다.
별노래바구니
반쪽마음가린 웃음.
동틀녘 웃음화살 날아오른다.
성긴 빗방울 뚫고 갈대화살,
불붙은 하늘 깊숙이 날아오른다.

〈'自由文學'(제93호.). 개작.〉

흙의 변화

토기장이손에 잡힌 진흙 한 덩이
숨고르기하며 기다린다.
회오리바람타고 먼지가루되어 날아갈 듯한
흙과 물의 결합이 이루어지고
토기장이의 깊은 가슴속 혼이 들어간다.
흙과 물의 반죽
진흙이기기가 시작된다.
땀방울 맺히면 빗방울연주
타는 듯한 눈빛 진흙위에 흐르고
멈출 줄 모르는 손놀림은
신기루의 터널로 들어간 듯
모습조차 볼 수 없다.
귀기울이면 진흙의 신음소리만 들려온다.

별빛 한 송이

어두운 길에서 이슬을 맞으며
무겁게 가려진 짐 따뜻이 품에 안는다.
가녀린 새들은 잠깊은 보금자리로 들어갔는지
너무도 조용한 잿빛시간에 덮여있다.
달과 별은 구름속에 숨어
소근대는 이야기를 바람속에 날려보낸다.
살며시 얼굴을 내어민 별빛 한 송이
더 넓은 길을 눈짓하는 별무리들
캄캄밤을 벗어나도 반짝이는 별
하늘넓은 곳에 별밭을 가꾸어본다.

이젠 돌아가고싶다,
눈웃음짓는 처마 안태고향으로.

제3부 ──────────────── 금그릇은 깨어지고

씨주머니
흰꽃나비춤
새빛쟁기
회리바람가마꽃
설렘의 요람

씨주머니

바람이 불어 강을, 바다를 이루는 날들
어디서 날아온 씨앗일까.
생기가 찾아드는 곳, 씨주머니속
흙으로 빚어질 옷
점 하나 있었는가.
물방울만큼 그 크기만큼.

물방울 방울 만남
씨주머니속 씨앗되어 뿌려진다.
진토생기 질그릇생기
눈물샘 한 바퀴를 그려낸다.

저 넓은 곳
그길이 어디인가.
정해진 삶의 공굴로 달려간다.
알 수 없는 세계 선악씨앗들이 자라
눈물흐른다.
가는 그길 씨주머닛길
떠난 이들의 귀환 모습이 보인다.

흰꽃나비춤

하얀 낮달 수줍은 듯 먹구름뒤에 숨어
한 줌 한 줌 눈꽃잎 뿌릴 때
북풍일어 흰나비떼들 불러모았는가.
어디서 날아왔는가.
한낮풍경 흰나비나라
눈꽃잔치 시작이네.

바람손 내밀면
그손잡고 하늘속 날아오르지.
마음안쪽 은빛날개 펼쳐 함께 춤을 추었지.
하늘회리바람타고 맴돌다,
사르륵사르륵 땅위에 내려와 눕는가.
어디론가 사라지곤 다시 또 찾아온
흰꽃잎위 나비춤날개소리.

웃음꽃 피우던 한낮
이젠 저하늘 별빛 반짝이던 눈꽃잎 한 잎 두 잎.
살며시 눈감고 헤아린다, 하얀 꿈길
그곳으로 달려가고있었지.

새빛쟁이

샐녘 새빛어둠을 가로지른다.
소리없이 안개구름 몰고 끝동쪽 땅
별밭으로 향한다.
어둠안개 오르내리락
밭이랑 가시덩굴 들풀들 뒤엉켜있다.
날샐녘 새빛쟁이 질러나간다.

천년만년 기다리고기다린 연결고리
끊어질 듯 멈출 듯
가늘고짧은 자투리땅에서 숨소리 들린다.
사슬에 발목묶인 새빛쟁이 지나간다.
골고루 웃음씨앗 이랑마다 뿌려진다.
하늘비에 싹눈돋고, 잎이 터져나온다.
각종 별꽃이 피면 웃음과일 열린다.

〈'한국 시인 사랑시'(2017. 文協 사화집.).〉

회리바람가마꽃

어미탯줄 툭 자르고 미끄러지듯 나온 곳
희노 애락 가마속
허공에 매달린 초록별 피었다.
어디서 왔는가,
초록별에 떨어진 첫날밤….

떠나갈 듯 울음만 터트렸지.
온몸 실올 하나없이
빈주먹만 파르라니 흔들었지.
그날 어제같은 그날.

살구꽃 하얗게 웃음짓더니,
검은빛 사라지고
여름맷돌소리 들렸지.
메뚜기도 날았지.
노랫소리 끊어졌지.

새들의 노랫소리
가을입술들이 닫혔지.
금그릇은 깨어지고

은그릇도 깨어지고
거리엔 가랑잎 조문자들 뿐.

설렘의 요람

솟아오르는 언어들 분수대 높이보다 더 높다.
노래부른다, 춤을 춘다.
갇혔던 모든 것 나온다, 나온다.
마음을 담으면 물보라 물결치는 아름다움 있다.
펼쳐지는 초록빛을 보면
신비한 힘이 한 걸음 한 걸음 다가서게 한다.
언어들의 둘레길
요람타고떠나본다.

제4부 ———————————————— 하강의 비밀

흙 냄 새
소꿉장난 끝나는 날
꽃말들의 행렬
봄을 꽃불로 알아본다
가을웃음자락
청홍색실 한 올
분·초·쨋각그네
곡선타기
산 부 추
하강의 비밀

흙 냄 새

흙냄새 가득한 담집
단풍
뒷산
물들었다.
새벽새들 소리에 아침이 밝았다.

노랑지붕
붉은 고추들
가을을
불태웠다.

소달구지에 지쳐서
돌아오신 아버지,
무릎베개에
잠이 든 막둥이숨소리는
가을밤을 연주한다.

소꿉장난 끝나는 날

수억 광년 전 우주 중앙청 우뢰와 번개소리
칠흑동굴 지구별빛을 뿌린다.
피었다 해지면 스러지는
풀꽃이슬방울들 눈뜬다.
별과 별들 시를 지어 노래부른다.
어린초록별들 울대소리
소꿉장난 다 끝나는 날엔 돌아가야지
이슬뿌려 입힌 옷자락 다 헤지는 날까지.

〈'自由文學'(제92호). 개작.〉

꽃말들의 행렬

마음 한 공간 살며시 열어본다.
들어가고나가는 말들의 형체
형형 색색 피어나는 꽃말들의 행렬
보석들로 장식한 아름다운 말들 붉은 입술열고 나온다.

남보석으로 빛나는 말
홍보석으로 빛나는 말
청보석으로 빛나는 말
큰거울앞에 서선 빙그레 하늘웃음 짓고있다.

큰사랑나무 가지가지 뿌리깊이 내린 곳
짙은 진액 솜털속 생명눈틔우는 날,
해맑은 말들 이슬방울되어
마음밭이랑마다 뿌려지는 씨앗들.

수억 년 사랑보자기 무한정 펼쳐놓고
그위 그리움의 말씨앗을 담아본다.
또 그위엔 사랑별가루 한 줌씩 쥐고
솔솔 넉넉히 뿌리면 기뻐 뛰는 말,
하늘길 질주하는 푸른말,

꿀송이 달콤한 말들 가득가득 담아둔 초록별
웃음 시공속 날아오른다.

〈'天山에 모인 시인들'(2016. 自由文協 사화집.) '서대문 문예사랑'(2014. 20호.).〉

봄을 꽃불로 알아본다

초록밭세계를 꿈꾸는 씨앗들에겐
곱게 뿌려질 황토밭이 넓다.
땅고르기 땀방울흘리기
흙이나 강물 흔적위에 눈물흘리기는
솔숲 솔잎냄새 날리는 바람소리다.

바람소리 비비며 나르는 구름도 지나간다.
바람을 태우고돌아나온
올새봄을 마주 그러안아쓰다듬어본다.
야생꽃들이 불타오르며 안겨들고
어린 쑥이, 씀바귀와 고들빼기·할미꽃 가족이 품속으로 안긴다.

산수유는 연노랗게 작은불꽃 틔우며
하늘밭 구름가는 곳 물어보며 줄서있고
한 두둑 두세 두둑 흙높이 세워 다독이면
올봄은 고구마·고추라도 심어 좋겠다.
빨갛게 벌겋게 불이 나서도 좋겠다.

밭농사라도 서로 나눠볼까 하는 마음
나눠가며 지어볼까 하는 쌀농사

삽질하는 손길에 곡괭이와 쇠스랑도
점점 바삐 부드럽게 오간다.
봄이랑에 뿌려질 씨앗들의 풍요로움을
가을방앗고의 기다림속에 쓸어담아우기면
흘러내리는 이슬방울들은 불꽃노래가 되고
입술을 타고흐르는 어여쁜 목관 악기소리는
올봄의 꽃불들 아궁지속으로 하늘대며 사라진다.

〈'自由文學' 초회 추천시(제88회.).〉

가을웃음자락

가을문이 사르르 열린다.
각색 물감을 들고, 커다란 화폭앞에서
바람과 눈웃음짓고있다.
풍요로움을 실어나르는 서풍냄새
코끝을 스친다.
가을웃음 흔들고눌러서, 꾸욱꾸욱 담아준다.
9월과 손잡고 돌아와
알알이 애기바구니 품안가득 안겨준다.
시어 가득가득 시마당에 쏟아낸다.
무지개구름아래 갈꽃
소국 아름답게 피어나는 향내
고운빛 날개옷 펄럭이고있다.
물등성이위 오르락내리락 가을바람
웃음향기 뿌리며 날아가려한다.
고운 빛날개옷 갈아입고.

<自由文學' 2회 추천 완료시(제90회.). '서대문 문예사랑'(2015. 23호. 개작.).>

청홍색실 한 올

하얀 모시보자기안에
청홍색실 한 올 풀어놓는다.
실파람은 모퉁이 둘레길 돌아나온다.
중심자리엔 청홍 색색 수 놓인다.
손끝 실땀따라 청색나비 날고 홍색꽃 핀다.
계절마다 웃음수 놓인다.
어둠안개 피고진 뒤엔 밤내 하늘이슬 내린다.
뜨건 촛눈물 흐른다.
혀끝엔 굳은 나뭇결이 붉디붉게 새겨진다.
뒤엉킨 하늘구름 실타랩 풀고있다.
한줌 몽당실 매듭 잡아빼도 나오질 않는 청홍색실….

〈'서울 문단'(2016. 제5호.).〉

분 · 초 · 짹각그네

빛없는 텅 빈허궁안
까망언어들 멈춰있다.
꽉 닫힌 금빛자물통
순간 틈새 열린다.
핏빛 물보자기 터진다.
진홍빛 물길 흘러내린다.
초록별 떨어지는 소리 들린다.
울음바다파도소리
웃음바다파도소리
시계추 통속에 바람처럼 머무는 사람들.
초를 안고
분을 안고
달덩일 안고 잔다.
눈물을 담고
웃음을 담고
슬픔을 담고, 기쁨을 담고
시계추안에 각색둥지 틀었다.
하나가 둘 되고
둘이 셋 되는 날들…
고희수에 그네를 탄다.

졸수(90세)의 그네를
웃음초가, 기쁨분이, 거둠의 보름날 시간들
우주속 둥그런 웃음 담아돌린다.

<天山에 모인 시인들'(2017. 自由文協 사화집.).>

곡선타기

새날 또 다른 날들
달음질날들 눈앞에 서있다.
빗방울 수만큼 나온 마음길 노래들
흙집옷자락 휘감는 숨소리다.
눈물짠 안개빛이다.
마음길 걷고보낸 이들 웃음소리
떠난 이들 눈물, 남은 이들의 마음소리
어깨힘 둥근 곡선탄다.
모래가슴 회오리소리 흘러내린다.
뜨거운 입술 머문다.
안고 뒹굴고싶은 날들
그날들은 잿빛나무잎
손흔든다, 눈물강 마음물결 일렁인다.

산 부 추

겹겹이 덮인 가랑잎에
깊이 가려진 산부추
초록입술 내밀어보이며
수줍게 얼굴들고 봄볕과 소색거린다.

분홍연지 밝은얼굴에
노란 드레스 바람들꽃춤
아지랑이 손잡았다.
흙밭위에 펼쳐진 봄그림자는.

산부추 꿈꾸는 초록의 꿈
천공을 내려오는 봄비사이로
분홍 폭포 노랑폭포 굽이굽이 흘러
기쁨노래 안겨오고
색색꽃들 산자락 결결에
그만 흐드러지게 핀다.

하강의 비밀

가늘디가는 실안개되었다.
하늘하늘로
날아오르던
수없이 많은
안개방울들이다.
하늘 먼곳 흰구름이 쉬어갈 곳
지구별이라 한다.
초록빛 뜰앞들 젖어들게 하고
저마다 표지보고 달려가는
사람꽃들의 뒷모습
비는 쉴새없이 밀가루처럼 뿌려진다.
깊은 뿌리를 적시고자
노래하는 단빗가루
방금 불태우던 햇빛이 사라졌다.
그열기 숨막히던 폭염을 식히며
부드러운 흙을 어루만져준다.

목숨을 불어넣어 소생하는 모습
자연속 단비의 초록얼 신비로움
늘 또 다른 지혜를 안겨준다.
그 긴 하강의 비밀을….

제5부 ─ 세 치 혀의 불길

마음의 길
은 비 강
한 이랑 두 이랑
금 빛 길
세 치 혀의 불길
별 뜨 락
새벽창문 열다
물보라속 친구
주름진 이름표 하나
덩쿨가싯길

마음의 길

하늬바람 가르고날아가는 새들의 길
저그림약도는 어디서 받아온 것일까.
바닷속 수 없는 물고기들 행렬
물파도가 지우고
바람이 지워버려도
그길 어찌 아는가.
우주안 작은 먼지알갱이속
탄생시키고 양육하는 모태초록별
그곳을 걷고있다.
아침에 피었다떨어지는 이슬방울들 미물들도….
그 가는 길 아는지
오랜 옛적부터 있었던 길
작은 투명공속에서 살아가는 70억 인들
수억 년 묵은 언어들
정신을 타고들어온다.
그마음속 그비밀 분초마다 사라진다.
육을 떠난 그길 떠나기하는 이들
누가 그 수를 정해놓고 산목숨길을 그려놓았을까.

은비강

목화솜 결결마다 섬세한 주름길
지구별 날실 씨실
궁안 은비한강흐르고
달빛안개 오른다.
달마다 그날이면 영혼수레 기다렸다.

물줄기타고 헤엄쳐올라온다, 씨앗
다가온다, 씨앗들의 행렬
날아가는 화살머리를 향한다.
쉬지않고 흔들어대는 꼬리
솟아오르는 힘, 그는 면류관 씌워진 단 하나의 씨앗
강물따라 생명의 핵
굳게 잠긴 문은 열리고
선두 주자로 들어서는 씨앗.
고요물 흐르는 궁안
달빛 흥에 겨운 몸짓
정해진 씨앗
바람탄 노래부르며 기다렸다.

한 이랑 두 이랑

황토흙 밟으며 결결이 골파놓은 곳
씨앗을 한줌쥐고 솔솔 뿌린다.
씨앗이름들 고운흙에 안기며
한 이랑 두 이랑 초록눈 꿈을 꾼다.
투명한 물방울 부푼 마음 빛되어흐르고
곁으로 다가온 솔바람
4철 춤사위를 이랑에 뿌린다.
하늘·바람·들꽃·새들·구름
지난해 남겨진 장작개비 모아놓고
바스락 나뭇잎 불지피면
가마솥 김오르는 소리
생기돋울 삼계탕
대추·인삼·마늘 익는 냄새
코끝에 스치면
일손 바쁘다, 셜새없던 봄물오르고
봄볕은 초록으로, 노랑분홍으로
그림을 그린다.
바삐바삐 봄갈이하는 모습들
그림속 화사한 봄웃음짓고.

〈自由文學〉 초회 추천시(제88회.). 개작.〉

금 빛 길

강과 바다로 흘러가는 물위 발걸음
한 걸음 또 한 걸음
잔잔히 부서지는 유리알들.

길섶 초목들 물속 깊은 그림자
길게 누워 흔들린다.
물흐름따라 갈꽃들 하늘바람에 춤춘다.

모난 돌멩이 하나 물속 가라앉는다.
물보라 초록숲으로 사라진다.

어스름밤 별들이 물위에 떨어진다.
흐르는 물위에
떨어지는 밤별들 밝다.
뭇사람들의 어깨위에도 내려와 앉는다.

물속별들은
은하길 달과 별들 얘기를 한다.
물위걸음 멈추는 날
손잡고 달과 별들 금빛길 걷겠지.

세 치 혀의 불길

초록별 사람들의 몸안
그곳에 붙어사는 작은 점
때론 부드러움
때론 예리하고 날선
세·치·혀.

기쁨 주는 일을
슬픈 일을 부를 때
마음결에 붙어있던 것들
소우주안 가득한 것들.

어디로 갔는가.
사라진 것
볼 수 없는 것
쏟아낸 언행들의 결정체.

입천장 위아래로
좌우로 움직일 때마다
사랑화살로
불화살로

날개 펼쳐 대우주속으로 날아간다,
다시 돌아오기 위해.

별 뜨 락

은빛이슬방울 진들 내리던 날
연초록뭉게구름 핀다.
귓가엔 별들의 노랫소리 들린다.
흙담장 둘러쳐진 너와집대문 열린다.
보일 듯 말 듯 다가선 발걸음
검은댕기머리 어여쁜 얼굴엔 실웃음편다.
꽃버선발 뛰어나온다.
웃음햇살 부푼 꽃망울입 내민다.
코끝엔 참꽃물든다.
발길 닿는 곳 바람소리에 민들레춤춘다.
해그림자 바쁜걸음친다.
동쪽하늘 달떴는가.
하늘중천 구름 지나가는가.
서녘하늘 뜨락엔 별들이 내려와있다.
열두 궁궐 날아다니던
어둠내린 한 밤
수정그림그린다.

〈'自由文學'(제92호).개작. 제14회 '천상병 문학제 사화집' '2015.이슬더불어 손에손잡고' 게재.〉

새벽창문 열다

한 날뿐 어젯날 갔다,
붉은 노을 안고.

새날
그날들 그꼬린 끝이 보이질 않는다.

아침창 열렸다.
커피 향 가득한 푸른벽돌집.

비내리고 피어난 인꽃들
깊은 웃음주름 곱게 접고있다.

그날 또 다른날들 위엔
하늬바람 · 초록빛대나무숲 · 참나무결 새겨진다.

땀방울로 빚어진 도자기에
빛고운 사랑 가득 담는다.

새벽창문 여닫는 소리
작고큰 그릇안엔 무르익은 삶
깊은맛내는 새날이네.

〈'自由文學'(제106호), '서울 문단'(2017. 제6호). 개작.〉

물보라속 친구

무거운 짐을 지고가는 텅 빈뒷모습
삶수레바퀴로 굴러갔는가.
영혼의 신음소리
주름잡힌 결결 슬픈 시냇물 흐르고
강과 바닷물 물보라위 내딛는 발걸음.

길잃은 별이 되어 흐르다 찾아들던 곳
어디 쉴 곳 있던가.
따뜻한 손길 한번 잡아보았던가.
살붙이눈물 흘린 이
어깨위 짐의 무게
회색빛 뿌려 휘어지는 뼈속 바람소리.

까맣게 감아본 눈썹
샛길 찾아든 옛그림자 잃어버렸는가.
돌아서서 이젠 어디로 가려는가.
먼산길 떠나기인가.
선물 하나 하려네.
둘둘 말아 행복바구니속 담고,
웃음수 곱게 놓아 덮어두었네.

입천장 혀끝붙어 불타들어갈 때
천천히 열어보겠지, 눈물흘리면서….

<'自由文學'(제93호). 개작.>

주름진 이름표 하나

여든주름이 느낌표를 찍는다.
겹겹이 접혔던 물결들 풀려
바람결에 흩어진다.
산길 밟으며 국화꽃구름위에 누웠다.
마·지·막 이름표 하나.

상여 자나간 자리 상형 문자 돋는다.
산 자 떠나는 자 사이로
여든 해 소한절에 마침표를 찍는다.

아침햇빛 곱게 들고 달빛이불 살포시 덮어줄
휘히휘이 하늘들판 풍경 한 장 찍고있다.

한 시절 푸른바람 눈시울로 달려오고
밤이면 별빛여울 온갖 야생풀향
솔잎바람 새울음에 젖을 쯤
가슴에 새겨진 이름 잊혀질 쯤
빗살무늬토기 혼담긴
큰별 이름표 하나 달겠지.
훗날 아주 앳된 별빛구름
주름진 이름표 하나.

<'서대문 문예마당'(제2015. 제23호.).>

덩쿨가싯길

덩쿨가싯길
박꽃잎 살결마다 5선 그려넣어
투명관 붉게 채워져 흘러내린다.
마음자락 누워 쓴웃음 끝자락 선다.

타버린 머리카락 하늘 가렸다.
깊게 감긴 눈앞 하늘 별들이 숨고
웃던 초승달 먹구름속 사라졌다.

까만 낯빛 물드리운 날,
온몸 싸리빗질소리뿐이다.
꿈꾸던 눈빛에 담아둔 질그릇들.
금간 선들 작은 조각 떨어진 흔적들
그리 살아온 날들 이어보고,
붙여보고, 숨을 턱끝에 둔다.

샐녘별빛 받으며 창을 열었던 길섶풀잎들
풀잎들 손짓에 이슬방울 길내주던
발길 적시던 날들
달빛·별빛 햇살둥지 금빛으로 반겼다.

제6부 ─────────────────── 물속에도 피는 봄꽃

연보라통꽃잎속 붉은 우물
초록공마당
무지갯빛물결
초록눈망울들
벚꽃구름비
물길따라가는 거지요
시간 동굴
이슬꽃 한 송이 떠나다

연보라통꽃잎속 붉은 우물

굵다란 살구나뭇가지곁
겨울나기 가지들 연보랏빛통꽃나무.
풀벌레들 기어오르고 진딧물 달라붙어도
연푸른잎 꺼내놓고 보랏빛웃음 짓는 꽃봉오리.
수정이슬관 쓰고 햇살마중 나왔는가.

꽃잎속 고운 노랫말 피어난 연보랏빛마음자락,
떠가는 산줄기 둘레길 붉은 우물향내.
하늘이슬 꽃망울 뚝뚝 떨어지는 꽃눈물.
흑빛속 그리는 별빛들 눈물그림
사르룽사르룽 긴잠속 어디로 가는가.
붉디붉은 실타래강 흘러내린다.
짧다란 마디강, 긴타래줄강 맞닿는다.

붉은가슴 깨어난 별꽃들
뜨거운 천둥맥박소리 먹구름속에서 운다.

〈自由文學〉(제92호).〉

초록공마당

샛바람 맴돌던 수많은 별들
어디론가 강물따라 길떠난다.
골깊은 마음길 돌아 은빛동굴 문열고나온다.
초록공마당 가득한 별들
눈물씨줄날줄…
시공속 깊이 갇혔다돌아간다.
사라지고 또 사라져간다.
수정물담은 흙장막속
잿빛영혼 커다란 눈만 껌벅인다.
살아숨쉬는 별들의 길….

무지갯빛물결

먼나라 마음으로 떠나살며
잊혀졌던 스스로를 돌이켜본다.
새겨보는 수많은 별빛처럼
살같이 부드러운 들판에
맑은 물이 흐른다.

물이 흘러가는
오랜 아픔의 들녘
녹아지는 노을빛
새힘을 덧칠한 붉은 입술에서
잊혀졌던 그리움의 노래가 꽃핀다.

어디론가 마음속
일곱 빛깔 무지갯빛 물길을 낸다.
그리움이 젖어든다.
아름다움속으로
이름모를 꽃들이 피어나는 곳
그곳으로 돌아가고싶다.

초록눈망울들

실바람 봄을 부르는 소리
땅속 긴잠 흔들어깨운다.
갓깨어난 초록눈망울들
작은 입술을 연다.
오르락내리락 안개비늘 반짝임따라
새노랠 부른다.

초록바람
땅속 솟아오르는 물소리
새봄 흐르는 산자락 돌틈새 제비꽃봉오리
보랏빛웃음 짓는다.
봄안개빛 폴폴
버들강아지 은빛눈 뜬다.

벚꽃구름비

하늬바람 벚꽃구름 꽃비 날린다.
빗방울꽃잎 물결위에 내린다.
물속에도 봄꽃은 피는가.
물분홍꽃송이들 피어난다.

한걸음씩 다가선 새봄
흙집뒤 산달래
함초롬히 초록웃음짓고.

봄나뭇가지잎 눈튼다.
은빛비늘 날린다.
어미품엔 초록불이 켜진다.

물길따라가는 거지요

언젠가는 피워야 할 인꽃들
가까이 다가서며 곁을 주었을 때
정겨운 손에 손잡고 가야하지요.

한 길로 흐르는 물길따라
꿈을 심는 꽃모종이 되어볼까 하지요.
푸른잎 꽃대 올라오면
입술에 번지는 웃음 흠뻑 머금는 거지요.

넓은 들 활짝핀 꽃들 사일 지나가는 바람
양떼구름 살며시 안아보며 함께 노래불러보는 거지요.

무지개꿈 앞가슴 가득 품고 가는 길
때를 따라 함께 가야 하는 거지요.

시간 동굴

눈부신 태양빛 서녘산마루 걸터앉아
거친숨 몰아쉰다.
시간동굴문앞 가시광선 뿌리고사라진다.
어둠새들 초록별 한 웅큼 움켜쥐고삼켜버렸다.

손바닥사이로 흘러나오는 실빛
칠흑비단자락 사이로 혼의 눈 껌벅거린다.
이름없는 그림자들만 오간다.

억센 날개짓소리
초목가지 찢기워질 듯 요란스럽다.

어두움열쇠 열리는 그날
5색빛구름기둥타고 기쁨나누리.
무지개실빛옷감 휘감아두르고
흑빛방 열고 날아가리.

샐녘햇살 내민 양손 잡고.

이슬꽃 한 송이 떠나다

어두운 길가에 함초롬이 피어난 이슬꽃 한 송이
무거워 허리가 휘고있다.
풀벌레울음 잠속으로 들어가고
달빛이 가만가만 이슬꽃을 어루만지고있다.

조용하다 못해 적막한 밤 달빛으로 덮여있다.
구름이불속에 숨어
소근대는 별들의 발가락이 보인다.
꼼지락꼼지락 소리가 들린다.

길물으며 도란거리며
드넓은 길을 손짓하는 별무리
어둠길을 다 벗어나기도 전 웅덩이에 퐁당 빠진 별
넓은풀밭이 환해진다.
툭 건드리자 우수수 쏟아지는 애처로운 이슬꽃 한 송이
별빛과 함께 사라진 그자리에
우두커니가 되어 서있다.

<'自由文學' 시부 2회 추천 완료시(제90회.).>

제7부 ─────── 꽃나무가 서있는 곳

봄들이 오고있네
봄농사일
연기구름
해와 비이야기
새날의 문은
불꽃은 은하길로
바람의 음표들
쓴 바 람
어스름달빛 걷히면
개미들의 참샘

봄들이 오고있네

조그만 봉창문여니,
눈잎들 트는 말소리 들린다.
봄이 지금 달려가고 있다고.

실바람도 또 전갈을 해준다.
바로 갈 거라고
봄이 오고있을 거라고
봄이 곧 온다고
어디
저기 여기서 오고들 있다고.

봄마중 가야지
바구지에 호미담아챙기고
긴댕기머리 날리며날리며
아랫종아리 걷어붙이고 뛰어나 가볼 거나.

봄농사일

5월의 문앞에 다가선
갓심어진 낟낟 줄모들
머리채 끝절마다 연초록 빛을 낸다.

농부들의 땀방울로
거칠어진 땅을 일구고
매마른 곳 물고를 대면서
너른논바닥 써레질하고
모판을 하나하나씩 들어옮기며
모를 심고, 다시 뜬 모를 또 거둬 심고
농부들 마음손길 분주함을 덜어준다.

구름빛사이엔 웃음햇살 벌판을 비추이고
여름날 향해 달리는 연초록수레가
지구공을 굴리며 날아오르고있다.

연기구름

어떤 나그네
산꼭대기에 앉아 불을 지피는지
연기구름 산허리 하얗게 덮고있다.

짙은 회색빛구름연기
또다시 피어오른다.

산나무장작 다 모아 불쏘시개하려는지.

해와 비이야기

구름의 경계선넘어
녹번동은 계곡물 흘러넘치는데
불광동은 햇빛만 환한 웃음이다.

응암동은 해가 난하늘
하늘별들 빗줄기타고 내려온다.
비단비·안개비·무지개비
불광천은 순식간에 하늘보석빛으로 가득 채워진다.

새날의 문은

모른다.
그래서 백 년 천 년의 날이라고들
적든 많든 더 좋은 생각으로
가족들 어깨 도닥인다.
20대사랑으로 지내보려고
불꽃을 피우나
마음만 불꽃이다.

그러며 사는 거라고
돌아보니, 서로 고마운 일
무탈하던 날들로 돌아와줘서 고마운 일이다.
항상 조심하라고
더러는 불안할 때가 있다고
아무것도 모르는 아기같다고
자기가 쓰러질까봐 두렵다고
가슴이 먹먹해진다고
내 곁에 있어야 험한 바람들을 막아줄 텐데
자식들이 있다해도…
그사이 하얀밤은 가고
새날문을 두드린다,

유리창은 보석빗방울 가득 달고.

불꽃은 은하길로

결고운 나무소재로만 지어진 초원 2층집
사랑꽃을 피우는 이들
아기꽃들 피어날 때마다
천하를 얻은 듯 기쁨 가득한 그집
지나던 먹구름불비 쏟아 붓듯
삽시간에 나무집은 불파도에 휘말린다.

깊은밤 그녀 고통스런 목울대소리
화들짝 깨어난 한가족들
나무계단타고 내려온다.
별꽃 열어준 그길따라
한 계단 또 한 계단
바다칼로 불길을 막고있다.
어미품에서 떨고있던 아기들
머리털 하나 그을림없다.
흰잠옷바람도 불길스친 흔적없다.

저기 저소방차들 날 봤다는 듯
깜박신호를 보낸다.
몸을 던져 불길 막아선다.

내가 내 마음이 아니다.
속날개 펼쳐 안고나오는 듯한
타오르는 불길죽지끝
은하길인 듯 날아오르던 그날 불꽃은….

바람의 음표들

입술과 입술로 옮겨가는
음률없는 언어라면
맛이 어떨까.
음표없는 노래라면
감흥은 돋울까.
온몸 흐르는 장단가락이
앞가슴에 그려진 5선을 타지않는다면.

소리그림에도 빛깔의 나열
짙고옅음이 없다면
마음손결로 그려낸
악보죽지들 고운춤솜씨를 볼 수 있을까.

바람의 몸짓들
자연계의 모든 것
음색곱게 다듬을수록 아름답다.
음표들의 힘이다.
소리들의 흥이다.
어깨겯는 용기다.
끝없는 바람의 꽃향기다.

쓴 바 람

지난 5년 쓴바람불 때
이야기 있어 행운이라고
그대 아닌
아기가 아닌
이 어린이 때문에.

꽃나무가 서있는 곳
숲이야기에 귀기울일 때다.
꽃들이 계절시계 돌리고
새론바람 불고
새들 노랫말있어 꿈꾸는 이날
이런 데서 살고싶다.

싱그런 야생풀냄새
그끝자락에서
사람냄새 멀지않은 곳에서
지친 발걸음들을 내려놓고운다.
이야기와, 그렇게도 쓴바람불 때…

어스름달빛 걷히면

백 날 천 날 밤낮변화속
겨우 여든 해년 나들이
길어진 시간늪 조용히 건너는 자
한 그루 천 년 은행나무 나이테를 본다.

고려인 눈길 머물던 나뭇가지
두터운 몸부림 뿌리치는
하늘먹구름속 천둥소리
순간 불번개 맞으며 길게 타오르다 눕는다.

오랜장인 손끝으로 태어난 동그란 찻잔
차향 가득한 날 어스름빛향기 걷히면
달덩이 속눈썹 웃음나이테 다시 떠오른다.

개미들의 참샘

어느날 파리가 죽었다.
개미가 물고간다.
어디로 가는 것일까.
참샘에 퐁당 빠트리는 거란다.

사람은 죽으면 어디로 간다지.
또 참샘에 빠트려질 거라고?
그렇다는 친구와 말다툼을 한다.
서로 다른 모양새의 갈퀴손을 하고
서로서로 얼굴을 할퀴고만 돌아왔다.

그런 어느날 친구어머님이 돌아가셨다.
어디로 가는지 일부러 따라가 보았다.

제8부 ─────────── 새봄날과 마가을

라면 실험
화살춤사위
땅위사람들
열매되는 말씀들의 마가을
별 꽃 씨
바람날개옷
검 정 물
길 구 멍
불머리야
새 봄 날

라면 실험

어린시절
라면도 먹기 어려울 때
매일매일 두 개씩 싸들고는 학교로 갔다,
엄마가게에서.

어느날 라면 먹는 걸로 실험을 했다.
국가적인 연구 실험 결과가 나왔다.
한 달동안 토끼에게 라면만 먹이니까
그토끼는 그만 죽었다고 한다.
그럼 나는 몇 년간 얼마나 먹었을까.

라면은 그날부터 안가지고 갔다.
엄마는 속으로 손뼉을 치고계셨다,
'아, 먹혀들었네.라면.' 하면서.

화살춤사위

먼하늘 비상하던 무지개 天弓
흙집으로 떨어지던 빗방울소리
머리 가슴타고 흘러내린다.
마음은 깊은자욱져 피멍투성이다.

보듬어 쓸어내리려던 날 밤에
비바람치던 눈물강은
이젠 새살집으로 돋아나는가.
고왔던 그림자속 비집고떠오르는 밤에….

활화살 춤사위 天弓
동녘하늘을 떠나려는가,
어둠빛 터널로 화살춤사위 그림그리며….

땅위사람들

지구별 숨쉴 때마다
내핵의 불길을 쏟아내는지.

태양 표면 높아만 가는 불길온도
어느 사내가 쏟아내는 붉은불기운일까.
이사람 저사람들 불길앞에 서있다.

땅위사람들 불속길 그앞엔
저장된 몸안 70퍼센트 물주머니속 그 한 방울
샐녘안개 물알갱이되어 사라지려는지.
머릿속하늘 하얀지도만 그리고있다.
오늘도 내일 동틀녘 길을 물어오고있다.

열매되는 말씀들의 마가을

언제인가 다가올
그곳 가는 날
기다림의 날들
함께 가자 하니,
갈 수 있도록 받쳐준다한다.
갈 수 있도록…
말씀의 씨앗들이 익어가는 소리 들린다.

입술타고나오는 씨알의 빛깔,
옥토에
날씨
새순
꽃 담엔 열매들
곱게 익어가는 마가을 한낮
함께 추수해야 할 때인가보다.

별꽃씨

높이곰 솟은 달,
넓은 해 품에 안겨
하늘 해와 타오르고싶은 별꽃송이
달덩일 안고 꽃잠을 잔다.
둥근달뱃속엔 아기별꽃씨가 가득하다.
은하길로
별꽃길로
하마 달려 나오려나.

바람날개옷

함께 해야만하는 장막집 무겁다.
아픔들이 매달린 장식들의 꼴불견
고통의 빛깔들
그렇게들 입고달고 가만히 바라보니,
나그네 옷이 따로없다.
입고보니 탄식의 이름 그대로다.
벗고자 해도 벗을 수 없는
대신 벗겨주지도 못할
그 어느 한 때를 기다릴 뿐
참진 그날이 오면
또다른 보라날개옷 갈아입혀주겠지.
참된 그날이 오는 소리로….

검 정 물

눈앞에 따끈한 검정물
코끝에 감도는 그윽한 향내
혀끝 닿는 순간순간
단맛 쓴맛 구수한맛 달콤한맛
입안 가득가득 퍼진다.

얘는 진하면서 쓴맛이 올라 오고
쟤는 단맛이 진하면서 신맛도 약간
쓴맛과 단맛 같이 올라오는 이맛은 또
그 또한 내 삶의 맛이랄까, 한다.

길 구 멍

이구멍
저구멍
개미집구멍
흙담쌓아올리고
비바람에 무너지고, 또 쌓고
끝없는 길과 길의 구멍들
텅빈 터널 속을 들여다보면서
또다른 길의 시작을 눈치챌 참인가.

불머리야

가마솥 붉게 달구는 장작개비들
너울너울 불꽃춤사위 잘도 펼친다.
그열기 셈여림없는 점점 세계의 새세계다.
머릿속에서도 장작타는 소리소리야.
아, 불머리야.

새 봄 날

문앞
봄이 와 있다네.

문을 열어보니,
봄이 들어온다네.

노랑분홍 끌리는 옷입고
버들강아지 노랫소리 흘러드네.

흙담장넘어
들로
산으로
초록잠 흔들어깨우는
새봄날이라네.

제9부 ———————————————— 민들레꽃무덤

언덕배기
산이 보이는
다 비우면
하얀실낱
아기둥지
내일이면 동동
까망눈물
별빛손잡고
마음샘물
달 찻 잔
은빛바늘걸음
시간타는 마음
가쁜탄식
먼 여 행

언덕배기*

햇살고운 언덕배기
민들레꽃무덤
하얗게
노랗게
잔디밭
짧은목 늘인 노랑웃음소리.

님의 마음 안겨온
높고낮은 산자락
찬바람겨울새들 노랫말들
그곳 깊이 잠든 토지얼,
하늘별들속으로 사라진다.
　　*언덕배기:언덕빼기.

산이 보이는

산이 보이고 흙내음 향긋한 작은마을안
백 세 바라보시는 이
90을 달려가시는 이
한 분은 시력걱정
늘 옆에 계신분 당뇨걱정
평생을 단 거 드신 이
별걸 다 걱정
참버섯 안드신다.
독버섯일까, 몸에 안좋을까.
말랑한 찰떡, 달콤한 약식
딱딱하게 굳어간다.

눈이 내린다.
하얀 드레스 입은 신부처럼
살아가는 것은 한 페이지 한 바닥 숙제다.
문제풀이하는 날들이다.
어떤 일, 어떤 말, 어떤 행동이
날 기다리고움직일까.
한 가닥 두 가닥 길게 가늘게 굵게 얇게
스물네 시간안에 다 풀어야 한다.

오답도, 맞는 답도
그날 그자리엔 다 필요한 것들이다.

다 비우면

분도 보내고
초도 보내고
시간도 보내면,

마음속 다 비운 후
몸안에 있는 것들은
날아오르는 그날이라지요.

하얀실낱

연초록 무우순잎들
한 날 또 한 날
낮과 밤 이슬방울 물고눕고일어나고.

하늘뭉게구름·양떼구름 노랫소리
흙집굼벵이·지렁이·작은벌레들
땅속 실낱들 살이 오른다.

높은하늘 향한
둥근 터널 뚫고
하얀팔 흔들고 있다.

아기둥지

오가는 사람들
발걸음 머물다 떠나는 곳
하루해 저물면 찾아들던 곳.
가녀린 울음소리 상밑에서 들린다.

아기의 작은둥지
아기옹알이 솜털젖는 소리
노할머니 치마폭마다,
얼룩져가는 눈물지도 새겨진다.

내일이면 동동

손때묻어 얼룩진 가구들
삶살이나이테 그려진다.
함께했던 날들
고가구문들 열면
국보급 그림눈과 마주친다.
秋史 김정희 작품 여러 점,
그곳 바라보면 보물들로 꽉 차있다.

내일이면 동동하겠는데….
눈앞이 어두어져 운전대도 못잡는데
이젠 성난 세포들 휘감아오는데.

모피가 열 몇 개,
이것 저것 가득찬 화려한 것들
보고 또 보아도
꽉쥔 손안 바람인 날들인 것을
네모상자 반듯하게 실려
뜨건불길로 사라지는.

언제나 살아 숨쉴 거라고.

헤어짐이 없을 거라고.
'버리라, 내려 놓으라.' 해도.
아무리 얘기해도 듣는지마는지
떠나고나니 남는 건 주인없는 흔적들 뿐.

까망눈물

산비탈 아랫마을
서녘하늘구름 붉게 불탄다.
저녁밥 짓는 하얀바람기둥 하늘타기
그손길들 종종걸음.

시꺼멓게 그을린 부뚜막
하얀고양이 실눈뜨고 숨고른다.
아궁이속 솔잎들 장작개비 불탄 노랫말들
가마솥밥 뜸들 때,
이곳 저곳 어둠뚫고
순아, 철아, 부르는 소리.

큰집 툇마루 걸터앉아
담너머 진풍경들 바라본다.
먼길 떠난 어머니 그리움에
까망눈에 그리움 가득 담고서성인다.

별빛손잡고

너는 어디서 왔는지.
나는 어디로 가는지 알 수 없는 날
왜 만나야만 하는지.
솜털시간 다 뽑아 단으로 묶었는지.
마음자락 골짜기타고흐르는 물소리
또 다른 구멍을 보는 두려움
그대 사라지려는 손을 잡아본다.

시간강들이 흐느낀다.
손에손들 놓아버린
훨훨 날아오른 자들의 춤사위
가을궁문 열릴 때
돌아가는 이들은…

마음샘물

녹색물 펌프 둥근입
물을 가득 담아놓고
재촉하는 펌프 질소리
땅속 물맥타고흐르던 물길이
마중물 손짓에 힘차게 솟아오른다.

이곳 저곳 메말라 갈한 마음찾는
온세계 그러안는 물근원지
어머니의 마음샘물,
흐르고흘러간다.
큰가람·큰바다를 이루기 위하여.

달 찻 잔

저녁이슬 내리는 강가에
하늘바람타고 달과 별들 내려온다.
열린 유리창안 찻잔속
또 다른 달이 둥글게 떠오른다.

따뜻한 향내 한 모금 혀끝 적시면
붉게 넘기우는
달빛향기
별빛향기.

살며시 눈감고 마음눈으로 바라본다.
달과 별은 찻잔안에서 웃고
강물따라 흐르는 곳
그이야기소리 들려온다.

은빛바늘걸음

은빛바늘걸음 숨바꼭질 날들
광목천 한 곳 모아본다.
한 땀 지나 또 한 땀
야생초와 꽃들 색색나비 날아간다.

초록들판 풀벌레울음수
가냘픈 날갯짓소리
별빛노래수
달빛 빛난 수.
고운실타래 한 올씩 풀어가는
길어진 낮과 밤사잇길….

시간타는 마음

딸을 낳고, 또 딸을 낳았고
그러고는 아들을 낳았다.
재롱에
귀여움에
살맛나는 날들.

딸아이 시집가던 날
사위라는 새가족
아기가 품에 안기고.

와라, 가라,
자고가라,
놀다가라,
속모르는 잔소리.

머릿속 떠오르는 건
늙는 날
힘든 날
새손님 맞는 날들의
바쁜시간타는 마음.

가쁜탄식

바람이 빗질하는 흰머리카락
물기없는 나뭇가지끝에
바스락나뭇잎 한 장.

젊음도
웃음도
파르르 떨리는 주름자락에 숨기고
지팡이 하나에 의지한다.

수레에 끌리어가는 발걸음
가쁜탄식소리
그렇게 아흔두 해 물들이고
저높은 하늘의 부르심받던 날.

먼 여 행

푸른숲 펼쳐진 산자락마을
기찻길옆 마을친구
나이들어서도 가까운 곳 살던
가끔 만나 맛난 음식도 함께했던
한 동안 부재 중 전화 두어 번
바쁜시간 흐르고
전화했을 땐 회답이 없었다.
다른날 연락하고 만나야지.
또 다른 날 통화해보면 되겠지.

얼마만큼 시간이 흘렀을까.
여러날 서로 연락도 없다.
그러다 연락이 왔다.
방금전 전화 한 통화, 그친구 전화였다.
반가움에 받아보니,
친구가 이른새벽 하늘나라갔다는 통보다.
다시는 돌아올 수 없는 곳으로
먼여행 떠났다는 것이다.

아직은 할 일이 많을 텐데

아들도 장가보내야 하고,
딸도 시집보내야 하고,
그의 아내와도 노후를 계획해야하는데…
짧은 세월을 보내고가는 그길
먹먹해진 마음이다.
또 다른 나라에서라도 만날 수 있을까.

제10부 ─────────── 비단웃음소리 들려오는 날에

어 미 품
1대 1인 걸요
물 바 람
안개무덤자리
나 들 이
앞뜰 자목련
바늘가시
구름맷돌소리
숲속 나무둥지
분초강 흐르면

어 미 품

어미품이 좋다.
바람이 불어와도
어미의 날개깃속은 구름하늘집이다.

마음이 고통스러워도
그곳은 물결토지 요람이다.

4방을 헤매이다
손내밀면 아침이슬로 몸을 씻겨주는
빛나게 하는 곳
모태 초록방이다.

1대 1인 걸요

별시계속 삶이 시작되는 곳
그굴레앞에선
모두 다 혼자인 걸요.

1대 1인 자연과 나
사람과 사람들의 날도
안개인 것을요.
풀잎인 것을요.
피었다지는 꽃인 것을요.
즐거움도
기쁨도
바람인 것을요.

손안에 잡혀
몸부림치는 바람을 보셨나요?

물 바람

세상이 하얗다.
산도
들도
강도
내 마음도.

물바람
억새풀꽃 몸을 흔들 때
눈꽃잎 지는 소리
새까만 밤하늘길 밝힌다.

안개무덤자리

지구별 나들이
여러해 고갯길 넘고넘는 이들
긴한숨소리 얼굴주름나이테 말한다.
검은 머리칼 날리던
그날들이 언제인가.
은빛노랫소리 들린다.
뼛속마다 흔들리는 몸짓
센바람돌기 마음길 지나간 자리다.
주름색 곱디곱다.
툭 떨어지는 나뭇잎소리
내려앉은 어깨너머 사라진 얼굴들,
살다보면 모두 다 가는 걸.
그렇고그런 거라고
안개무덤같은….

나들이

가을산
별빛구름가족 나들이한다.
하얀날개
하늘로 비상하는 날갯짓소리
가을비에 젖은나뭇잎들 붉어진 얼굴
꿈꾸는 이들 그날을 그린다.
또 다시 그림을 그려본다.
하늘땅 산자락…
그리고,
갈잎의 눈물방울들 붉게 노랗게….

앞뜰 자목련

새봄 나들이
꽃구경 많이 가니
봄을 다섯 번 맞은 마음.
앞뜰 자목련
피었다지고
피었다지고
잎사귀나면 피고지고
피고지고 또 핀다.
한 번 피고지는 꽃들
다섯 번 피고지는 자색 목련
다섯 번째 필 땐
자목련 분홍목련된다.
눈길가는 마음
자목련 네 마음 내 마음같다.

바늘가시

어둠안개 내리는 곳
풀벌레울음소리 들려온다.
아침이슬 맺히기 전
꼭 보내야 할 것이 있다.
몸안 뾰족한 가시 하나.

움직임만 보이면
바늘가시 콕콕 찌른다.
잡힐 듯한 가시 하나
손끝 스치고사라진다.
어디로 간 것일까.
몸안 한 바퀴 휘돌아나오려는지.

보이질 않는다.
잡히질 않는다.
마음자락밟고 빠져나가겠지.
언젠가 돌아가야 할 때를 안다면….

구름맷돌소리

어느만큼 온 건지
어디까지 가야하는지.
머리엔 흰가루뿌려지고
하얀주름계곡 지나니
구름맷돌소리 늘어진다.

손가락 마디마디 돌덩이살빛
벌건 가죽입,
핏방울 뚝뚝 떨어진다.
야리향·기생초 물음에
그냥 웃음소리로만 들려보인다.

숲속 나무둥지

구름날개하늘 이끝에서 저끝으로 펼쳐진다.
높은 산 깊은 초록숲
雲霧 치맛자락속에 숨었다.

하늘높이 날아오른 새들
숲속 나무둥지 찾아갈 수 있을까.

분초강 흐르면

분초앞에 서있는 이들
어디서 어디로 가는 것일까.
마음눈 열고 바라본다.

하얀안개속에 보이는 것
수를 헤일 수 없는 티끌들
가야할 저 높은 곳
기다림의 시간강 흐르고
토기속 탄식 끝무렵 때
서녘구름문 열린다.

빛의 고향 떠나 헤매는 이들
흩어졌던 가족들
찬란한 금빛길 함께 거닐고
신비의 꽃들 향기 사이사이
비단웃음소리 들려오는 날에.

<시인의 말>

'하늘빛물가에 앉아서…'
―― 첫시집 '물흐르듯 흘러가면서'를 내며

  장래의 꿈을 물어오는 이들에게 시인이 되고싶다고했던 단발머리 소녀의 말, 시크릿처럼 우주속에 머물다 어느날 그답을 가지고 찾아왔다. 그렇게 원하던 그자리에 서있는 자신의 모습을 발견하게 되었다.

  어미태를 자르고나오는 듯, 첫시집이 눈앞에 나타나있다. 마음에 새겨졌던 많은 얘기들, 만나는 이들의 삶타래실. 그실을 풀어갈 때마다 달려나오는 시어들. 하늘빛물가에 앉아서 삼베보자기에 넣고 흔들어보고, 걸러보고. 바람은 흐르고흘러가는 물속에서 환하게 빛내기를 한다.

  시인의 길을 걸을 수 있게 말없이 격려해준 부모님께 고개숙여 인사드린다.

  늘 아낌없이 지원해주는 영원한 나의 '보배님'께도 그고마움을 전한다.

〈시인의 말〉

딱딱한 씨앗에서 싹이, 잎이, 꽃이, 열매가 되어
시의 향기로 우주를 한바퀴 돌아나올 수 있도록
자상하게 혈맥을 짚어주고 지도해준 申世薰 스승께
진정어린 고마움의 꽃다발을 드린다.

2018. 10. 9. 한글날 북한산기슭 은평로에서.

崔　　林
〈본명·최명희〉

崔　林―약력

· 1962. 충남 예산 출생.
· 본명·최명희.
· 2013. 제88회 '自由文學' 신인상 시부 초회 추천.
· 2013. 제89회 '自由文學' 신인상 시부 2회 추천 완료.
· 한국 문인 협회 회원·한국 自由文協 회원·서대문 문협 재무 차장.
· 2018. 제4회 '전통 공예 상품 공모전' 동상 수상(자수·대한 민국 기능 전승자회).

· 주소·03464. 서울 은평구 응암로 32길 13-5(1층). (010-3168-6099).
　　　· cmh0410@naver.com

天山 詩選 120
4351('18). 11. 25. 박음.
4351('18). 11. 30. 펴냄.

崔　　林 첫시집

물흐르듯 흘러가면서

지은이 　최　　　　림
펴낸이 　申　　世　　薰
잡은이 　신　　새　　별
판본이 　辛　　宙　　源
판든이 　신　　새　　해
판편이 　金　　勝　　赫
펴낸데 도서출판 　天　山

04623.서울시 중구 서애로 27(필동 3가). 캐피털 빌딩 302호. '自由文學' 출판부
등록 1991.10.31. 제1-1269호
전자 우편 freelit@hanmail.net
☎745-0405　(F)764-8905

ISBN 978-89-85747-79-0　03810

*잘못된 책은 바꿔드립니다.　　　　　　　　값15,000원